AF285910

Inhaltsverzeichnis

Fachwerkhaus in Themar

Richard Deiss

Die schönsten Fachwerkhäuser Thüringens

Meine Liste der 55 sehenswertesten Fachwerkgebäude in Thüringen

Impressum

Autor: Richard Deiss
Cover: Richard Deiss

Kontakt: richard.deiss@gmail.com

Verlag: BoD · Books on Demand GmbH,
Überseering 33, 22297 Hamburg,
bod@bod.de
Druck: Libri Plureos GmbH, Friedensallee 273, 22763 Hamburg

ISBN: 978-3-769-308-648

Erste Auflage 2025, Originalausgabe

Bibliografische Information der Deutschen Nationalbibliothek
Die Deutsche Nationalbibliothek verzeichnet diese Publikation in der Deutschen Nationalbibliografie; detaillierte bibliografische Daten sind im Internet über http://dnb.d-nb.de abrufbar

Vorwort

Ich bin ein Städte-Vielreisender und habe in Deutschland bereits alle 2047 Städte besucht, darunter auch alle Städte in Thüringen. Nach einer Buchreihe zu Denkmälern in Städten, welche ich seit Juni 2022 publiziert habe, erinnerte ich mich, dass ich in den besuchten Städten auch immer wieder interessante Fachwerkhäuser gesehen hatte. So beschloss ich im Frühjahr 2023, ein Buch zu den 100 beeindruckendsten von mir besuchten deutschen Fachwerkhäusern zu publizieren und wichtige Lücken durch Kurzreisen zu schließen. Obwohl Nord- und Ostdeutschland im Buch mit mehr als 20 Gebäuden vertreten war, musste ich etliche schöne Fachwerkhäuser dieser Region weglassen. Deshalb beschloss ich, einen eigenen Band nur zu den nördlichen und östlichen Bundesländern zu publizieren. Mit zusätzlichen Reisen sammelten sich weitere bemerkenswerte Gebäude an, so dass ich diesen Band nochmal aufspalten musste in einen zum Norden und einen zum Osten. Nach weiteren Reisen ergab sich schließlich die Notwendigkeit eines eigenen Bandes zu Thüringen. Dieser liegt hiermit in der zweiten Auflage vor. In der Neuauflage sind 9 Fachwerkhäuser hinzugekommen, während vier gestrichen wurden, so dass die Gesamtzahl von 75 auf 80 stieg.

Die Arbeit am Büchlein hat mir geholfen, besuchte Fachwerkhäuser nochmal in Erinnerung zu rufen und neu gesehene aufmerksamer zu betrachten. Eine gelungene Sanierung kann aus einem Gebäude auch ein Schatzkästlein machen, während Vernachlässigung im Laufe der Zeit ein Gebäude unansehnlich machen kann, so dass sich die Liste immer wieder ändern kann. Ich freue mich, wenn das Buch interessierte LeserInnen findet, die es lehrreich und unterhaltsam finden. Kommentare sind willkommen. Vielleicht werden LeserInnen auch angeregt, das eine oder andere Fachwerkhaus selbst in Augenschein zu nehmen.

Isny im September 2025
Richard Deiss

Einleitung

In der zweiten Auflage wurde der Tabellenanhang gestrichen, um Platz für weitere Häuser zu schaffen. Die Gesamtzahl stieg so von 75 auf 80 Fachwerkgebäude. Neu hinzugekommen sind:

Arnstadt	Papiermühle
Bleicherode	Alte Kanzlei
Erfurt	Armenburse, Zum Paradies, Zum Roten Hirschen
Kleineutersdorf	Herzogstuhl
Paulinzella	Forstamt
Rudolstadt	Pagenhaus
Sömmerda	Amts- und Pfarrhaus

Aus dem Buch genommen wurden: <u>Erfurt</u>: Zur Hohen Lilie, <u>Ruhla</u>: Hüschen, <u>Neustadt/Orla</u>: Geburtshaus Johannes Walther, <u>Heilbad Heiligenstadt</u>: Alte Sparkasse.

Die im Buch ausgewählten Fachwerkhäuser verteilen sich folgendermaßen auf die Regionen Thüringens:

Im Buch enthalten	Orte im Buch	Fachwerkhäuser		
		Insgesamt vorgestellt	**Top 55 Region**	**Top 10Region**
Zentrale Achse	5	15	11	2
Harzvorland, Eichsfeld, Nordwesten	10	24	17	2
Thüringer Wald, Vorland, Süden	13	28	22	5
Saale und Osten Thüringens	11	13	5	1
Insgesamt	**39**	**80**	**55**	**10**

Fachwerkgebäude, die zu den Top-55 Thüringens zählen, sind mit einem ★ markiert, solche, die auch zu den Top-111 Deutschlands zählen mit ★★.

Nachfolgend ein Versuch, aus der Vielzahl schöner Häuser die Top 10 der bemerkenswertesten auszuwählen. Diese werden auch in den Band „Die 100 schönsten Fachwerkhäuser Deutschlands" aufgenommen.

Meine Top-10 der Fachwerkgebäude in Thüringen★★

📄: Gebäude mit Wikipedia-Artikel
(Gleichzeitig in den Top-Deutschland)

Stadt	Fachwerkgebäude
Eisenach	**Lutherhaus** 📄
Kleineutersdorf	**Herzogstuhl**
Meiningen	**Büchnersches Hinterhaus**
Paulinzella	**Forsthaus** 📄
Suhl-Heinrichs	**Rathaus**
Themar	**Amtshaus**
Treffurt	**Kirchstraße 31** 📄
Vacha	**Widmarckt (Rathaus)**
Wasungen	**Damenstift**
Weimar	**Watzdorfer Geleitschenke** 📄

Zusätzliche 5 Häuser mit Besonderheiten, welche sie optische besonders attraktiv machen:

B. Salzungen	Kurhaus	Anmutung
Eisenach	**Schmales Haus**	Sehr schmal
Heldburg	**Happach'sches Haus**	Zierfachwerk
Mühlhausen	**Schmalstes Haus**	Sehr schmal
Nordhausen	**Torhaus Spendenkirchhof**	Kubatur

1. Zentrale Städteachse

Die zentrale Städteachse Thüringens, von Eisenach über Gotha, Erfurt, Weimar bis Apolda ist nicht besonders fachwerkreich. In den wichtigsten Städten, vor allem in Eisenach und Erfurt gibt es dennoch einige interessante Fachwerkhäuser.

Arnstadt

Altes Rektorat (um 1582) ❐

Nachdem das erstmals 1412 erwähnte Gebäude beim Stadtbrand von 1581 bis auf die massiven Grundmauern zerstört wurde, wurde der Fachwerkteil unmittelbar danach wieder aufgebaut. Im 19. Jahrhundert es zum Rektorat der Knabenschule umgewidmet. Im 20. Jahrhundert wurde hier die erste Bach-Gedenkstätte Arnstadts eingerichtet. Seit 2000 befindet es sich das Haus mit seinen bemaltem Gefachen in Privatbesitz und dient als Künstleratelier.

Adresse: Kohlgasse 17

Papiermühle (1633) ★ ▢

Das Wohnhaus wurde 1633 für einen Papiermeister erbaut. Im hinteren Gebäudeteil bestand von 1585 bis 1859 eine Papiermühle, deshalb wird das Haus auch *Papiermühle* genannt. Es zeigt die *Thüringer Leiter* im Fachwerk. Das Portal stammt aus der Rokokozeit.

Adresse: An der Liebfrauenkirche 4

Lutherhaus (14. Jahrhundert) ★ ★ ☐ 📄

Die genaue Bauzeit des Lutherhauses ist nicht bekannt. Ein kleiner Vorgängerbau wurde 1269 errichtet. 1356 wurde das südliche Gebäude auf die heutige Kubatur erheblich erweitert. Als Schüler in Eisenach (1498-1501) besuchte Luther das Haus. Im Zweiten Weltkrieg wurde die Nordfassade durch eine Luftmine erheblich beschädigt. Während sich früher im Haus Gaststätten befanden, entwickelte sich das Haus ab den 1950er Jahren mehr und mehr zu einem Museum zu Luther und zur Reformation. In den Jahren 2013-2015 wurde das Haus im Hinblick auf das Reformationsjahr 2017 umfassend saniert.

Adresse: Lutherplatz 8

Creutznacher Haus (1539) ★ □ 📄

Der Kaufmann Conrad Creutznacher ließ in den Jahren 1507 bis 1539 das Bürgerhaus im Renaissancestil errichten. Später ließ es Herzog Johann Ernst von Sachsen-Eisenach in sein Residenzschloss integrieren. Das unter Putz verschwundene Fachwerk der oberen Geschosse wurde 1885 wieder freigelegt. Das Gebäude wurde im Zweiten Weltkrieg leicht beschädigt. 2002 bis 2005 wurde es aufwändig saniert, der ganze Fachwerkteil wurde abgetragen und original wieder aufgebaut. Heute finden sich im Gebäude Wohnungen, das Tourismus-Büro und Veranstaltungsräume.

Adresse: Markt 9

Ratsapotheke (1560) ★ □ 📄

An einem Schild an der Fassade der **Ratsapotheke** ist zu lesen:

> Dieses Haus wurde um 1560 wahrscheinlich vom Bau- und
> Marktmeister Lorenz Heintz erbaut und an seinen Sohn, den
> Bürgermeister Johann Heintz vererbt. Vom großen Brand 1636
> blieb es verschont und war danach im Besitz des reichen Woll-
> tuchhändlers de Uhne und des Bürgermeisters Breuer. Seit
> 1721 befindet sich hier die 1585 gegründete privilegierte
> Hofapotheke- heute Ratsapotheke. 1900 Freilegung des alten
> Holzfachwerks durch G. Fischer. 1994/95 Rekonstruktion und
> Herstellung des heutigen baulichen Zustandes.

Adresse: Karlstraße 1

Schmales Haus von Eisenach (ca. 1775) ★ 📄

Da **Schmale Haus von Eisenach** ist nur 2,05 m breit (Grundfläche 20 m^2) und gilt als das schmalste bewohnte Fachwerkhaus Deutschlands und gehört zu den kleinsten bewohnten Häusern des Landes. Die letzte Sanierung fand im Jahr 2000 statt. Seit 2020 ist das Haus im Besitz der Denkmalstiftung Eisenach.

Adresse: Johannisplatz 9

Krämerbrücke (15. Jahrhundert) 📄

Die Krämerbrücke ist ein Wahrzeichen Erfurts, die einzige bewohnte Brücke nördlich der Alpen und mit 79 m die längste Brücke Europas, die durchgehend mit Häusern bebaut ist. Nach einem Stadtbrand im Jahr 1472 wurde die Brücke mit 62 Häusern wieder aufgebaut. Durch Zusammenlegungen und breitere Neubauten ging die Zahl der Häuser im Laufe der Zeit auf heute noch 32 zurück, darunter, vor allem zur Flussseite, etliche mit Fachwerkfassaden. Kein Einzelgebäude ragt jedoch so hervor, dass es zwingend in eine Liste der bedeutenden Fachwerkhäuser aufgenommen werden müsste.

Zum Roten Horn (1386) ★ □

Ein Schild am Gebäude informiert, dass es 1386 als gotischer Ständerbau über romanischem Keller errichtet wurde. Die Dachstuhlhölzer wurden nachweislich bereits 1301 gefällt. 1993-1995 wurde das Gebäude instandgesetzt.

Adresse: Kürschnergasse 7

Haus Zum großen Paradies und Esel (1469) ❒

Das Haus wurde 1469 über einem romanischen Keller aus dem 12. Jahrhundert errichtet. Einst diente es als Speicherhaus. Heute wird es als eine Nebenstelle der Stadtverwaltung genutzt.

Adresse: An der Stadtmünze

Armenburse (1418/1990er) ★ ❑

Die 1379 gegründete und 1392 eröffnete (alte) Universität von Erfurt war die erste Universität in Deutschland (in den heutigen Grenzen). 1816 wurde sie jedoch geschlossen und 1994 dann neu eröffnet. 1418 ließ der Breslauer Stiftsherr Nikolas von Gleiwitz für arme schlesische Studenten (in Schlesien gab es erst 1702 eine Uni) in Uni-Nähe eine Armenburse errichten, eine Art Wohnheim für mittellose Studenten. Diese teilweise fachwerksichtige Burse war in den 1980ern baufällig und wurde zur Wendezeit weitgehend rekonstruiert.

Adresse: Am Kreuzsand 9/20

Zu den kleinen Füchsen und roten Hirsch (16. Jh.) ★

Der Fachwerkgebäudekomplex am Fluss Gera nördlich der Krämerbrücke wurde im 16. Jahrhundert von Weißgerbern über mittelalterlichen Kellern errichtet. Im 2. Weltkrieg wurde er beschädigt, danach
wieder aufgebaut und in Kleinwohnungen unterteilt. Noch 2005 be-
standen hier 11 Wohneinheiten. Ab 2009 wurde das Gebäude saniert
und erhielt 2010 den Thüringer Denkmalschutzpreis. Heute finden
sich hier Wohnungen sowie eine gastronomische Nutzung.

Adresse: Hütergasse 13

Zum Grünen Sittich und Gekrönten Hecht (um 1600) ★

Auch beim Haus **Zum Grünen Sittich und Gekrönten Hecht** sind neben dem Portal Öffnungen für Strohbündel, die auf frisch gezapftes Bier hinwiesen, zu sehen. Das Fachwerk zeigt ein eher einfaches Muster mit Mannfiguren und nur wenigen Zierelementen, wie sie sonst für die Renaissancezeit typisch waren.

Adresse: Johannesstraße 178

Zum Mohrenkopf (1607) ★

Das in der Spätrenaissance erbaute Fachwerkhaus zeigt über dem Eingang Köpfe mit Öffnungen, in die früher Strohbündel gesteckt wurden. Das war ein Zeichen, dass frisch gezapftes Bier angeboten wurde.

Adresse: Johannesstraße 168

Rathaus (1441) ★ ☐ 📄

Das 1441 auf einem mittelalterlichen Kellergeschoss errichtete Rathaus von Waltershausen ist das ältestes Fachwerkrathaus Thüringens. Es zeigt eine Mischform von Ständerbauweise und Stockwerksrähmbau. Es wurde einst als Kaufhaus, Tanzsaal, Versammlungs- und Ratssaal genutzt. 1846/50 wurde die Sichtfachwerkfassade verputzt. Das Gebäude wurde 1993-96 generalsaniert und der 1909 abgerissene Erker auf der Marktseite wieder errichtet.

Adresse: Markt 1

Watzdorfer Geleitschenke (16. Jahrhundert) ★★□ 📄

Beim im 16. Jahrhundert erbauten Gasthaus **Watzdorfer Geleit-schenke** in Weimar ist die hohe Dichte der Andreaskreuze in den Obergeschossen der Vorderseite und im Giebelbereich auffallend.

Adresse: Scherfgasse 4

2.2 Harzvorland, Eichsfeld, Nordwesten

Im Nordwesten Thüringens, zwischen Harz und Hainich und dem Eichsfeld sind Mühlhausen und Bad Langensalza die führenden Fachwerkstädte. An der Altstadt von Bad Langensalza gingen die Kriege der letzten Jahrhunderte vorbei, während Mühlhausen im Zweiten Weltkrieg nur leichte Bombenschäden erleiden musste.

Fachwerkhaus in der Altstadt von **Bad Langensalza**

Bei der Marktkirche 7 (16. Jahrhundert) ★

Ein spätgotisches Bürgerhaus, das jedoch an der Fassade mit 1619 (Spätrenaissancezeit) bezeichnet ist. Eine Tafel am Haus zeigt eine Auszeichnung von 1999 für besonders gelungene Altbausanierung.

Adresse: Bei der Marktkirche 7

Haus Leinecke (1393) ★ ▢

Dendrochronologisch wurden die ältesten Fachwerkbalken des Hauses auf das Jahr 1393 datiert. Die Stadt erwarb nach der Wende das lange verputzte Haus, ließ es bis 2015 restaurieren und das Fachwerk wieder freilegen. Die Fachwerkbalken zeigen heute eine interessante marmorierte Bemalung.

Adresse: Marktstraße 18

Herkuleshaus (1688) ★

Der viergeschossige Fachwerkbau mit seinen vorkragenden Obergeschossen wurde 1688 vom Seidenwirker Christoph Fornfeist errichtet.
Als Eckständer zeigt es eine überlebensgroße geschnitzte Holzfigur
eines Herkules. Im Jahre 2024 wurde das Gebäude saniert.

Adresse: Vor dem Schlosse 20

Bleicherode

Alte Kanzlei (1663) ★

Nach den Zerstörungen des Dreißigjährigen Krieges wurde auf den Fundamenten eines Vorgängerbaues die Alte Kanzlei errichtet. Vier Räume im Obergeschoss dienten bis in die 1880er Jahre als Synagoge. Zur Wende stand das Gebäude leer und war eine einsturzgefährdete Ruine. Ab 1996 gab es Initiativen zur Rettung der Kanzlei. Nach 2000 begannen Restaurierungsarbeiten, die für das Hauptgebäude bis 2007, für die Nebengebäude bis 2011 abgeschlossen wurden.

Adresse: Hauptstraße 131

Domäne (1576)

Die heutige Domäne enthält Reste eines im 16. Jahrhundert erbauten Schlosses. Über einem massiven Erdgeschoss zeigt es in den Obergeschossen Renaissance-Zierfachwerkelemente wie Taubänder.

Adresse: Schulstraße 8

Mainzer Haus (1436) ★ ❑

Das im fränkischen Fachwerkstil errichtete **Mainzer Haus** ist eines der ältesten Häuser von Heiligenstadt. Dort wurde 1988 zum 100. Todestag des Dichters ein Theodor-Storm-Museum eingerichtet. Theodor Storm (1817-1888) wurde in Husum geboren, war jedoch 1856-1864 Kreisrichter in Heiligenstadt und hier gelang ihm der Durchbruch als realistischer Erzähler.

Adresse: Am Berge 2

Wahnfrieder Str. 195 (1550) ★

Das Fachwerkhaus im Renaissance-Stil (Feuerböcke), wurde laut Tafel Hm Haus im Jahre 1550 erbaut. Die Fassadeninschrift gibt jedoch das Jahr 1580 wieder.

Steinweg 58 (17. Jahrhundert) ★

Mit 4,25 m Breite das schmalste Fachwerkhaus von Mühlhausen. Im 17. Jahrhundert erbaut und 1906 umgebaut wurde das Fachwerkhaus im Jahre 2000 saniert.

Steinweg 84 (nach 1700)

Das als Ackerbürgerhaus erbaute Fachwerkgebäude zeigt eine marmorierte Farbfassung des Balkenwerks von 1780. Das Erdgeschoss wurde 1887 und 1902 umgebaut. 1993/94 wurde das Gebäude saniert.

Adresse: Steinweg 84

Untermarkt 15 (1631) ★ □

Im Fachwerkhaus findet sich seit vielen Jahrhunderten eine Bäckerei. Das Fachwerk war lange verputzt und wurde erst 1952 wieder freigelegt. Das Gebäude ist nur 6 m breit, jedoch 20 m lang. An der Hausecke ist ein Neidkopf zu sehen. Das Fachwerk zeigt Zierformen der Spätrenaissance wie Feuerböcke und Schnitzereien in den Brüstungsfeldern. Ein Schild am Haus informiert:

> Erbaut 1631 als Backhaus. Bereits 1415 wird an dieser Stelle ein Backhaus erwähnt.

Finkenburg (1444) ☐ 🗎

Das gotische Fachwerkhaus diente Handwerkern im Mittelalter als Gildehaus. Anfang des 20. Jahrhunderts war die **Finkenburg** fast verfallen, wurde aber bis 1927 saniert und im Inneren im Stil der Zeit umgebaut. Das Hauptgebäude besaß danach nur noch zwei Geschosse mit auskragendem Obergeschoss. 1993 kam es durch Brandstiftung zu großen Schäden. Bis 1997 wurde das Gebäude wieder hergestellt und saniert.

Adresse: Domstraße 23

Flohburg (1474) ★ □ 🗎

Mangelnde Hygiene und Überbelegung gaben einem der ältesten und historisch wertvollsten Fachwerkhäuser der Stadt Ende des 18. Jahrhunderts den Namen **Flohburg**. Bis 1989 befand sich im Gebäude das erste Nordhäuser Theater. Im Jahre 2012 begann eine Sanierung, DDR-Bauelemente wurden entfernt, ein moderner Anbau hinzugefügt. Heute ist das Gebäude Sitz des stadtgeschichtlichen Museums.

Adresse: Barfüßer Straße 6

Torhaus am Spendenkirchhof (1667) ★ ❐

Das Torhaus diente bis 1882 dem Totengräber des dahinter gelegenen Friedhofs als Wohnhaus. Es zeigt ein markantes Zwerchhaus über der einstigen Tordurchfahrt. Im Jahr 2000 wurde es teilweise rekonstruiert und beherbergte danach erst eine Künstlerwerkstatt. Es dient heute als Wohnhaus.

Adresse: Georgengasse 5

Amts- und Pfarrhaus (1603) ❑

In Sömmerda gibt es nur wenige Fachwerkhäuser. Das bedeutendste Fachwerkhaus ist dabei das Amts- und Pfarrhaus, welches 1601-1603 erbaut und ab 1993 saniert wurde.

Adresse: Marktplatz 1-2

Treffurt

Rathaus (1549) ★ ☐ 📄

Das 1546-49 errichtete Fachwerkrathaus von Treffurt fällt durch seinen fünfstöckigen Turm auf, um den es im Jahr 1616 erweitert wurde. Die kleine thüringische Stadt weist so eines der markantesten deutschen Fachwerkrathäuser auf. Fast 100 Jahre lang war die Fassade verputzt und der Turm verschiefert. Doch in den 1990er Jahren wurde das Fachwerk wieder freigelegt und ein Schmuckstück kam wieder zu Tage.

Adresse: Rathausstraße 5

Kirchstraße 31 (1546) ★ ★ 📄

Das 1546 errichtete Fachwerkgebäude gilt als ältestes Wohnhaus Treffurts. Es vereint gotische und Renaissance-Stilelemente. Bei der Ende der 1990er Jahre durchgeführten Sanierung wurde die Blechverkleidung heruntergenommen und das Fachwerk wieder freigelegt. Eine erst schwarze Bemalung der Fachwerkbalken ist neuerdings einem grauen Anstrich gewichen. Die innere Struktur des Gebäudes ist weitgehend erhalten geblieben.

Adresse: Kirchstraße 31

Ohrfeigenhaus (1608) ☐ 🖺

Als der hessische Amtmann Philipp Bley dieses große Gebäude, welches ein massives Erdgeschoss und zwei Fachwerkgeschosse aufweist, 1608 erbauen ließ, wurde er von seinem Vorgesetzten geohrfeigt, da er ein schlichtes Wohnhaus, jedoch nicht so ein riesiges Gebäude genehmigt hatte. So kam das Haus zu seinem Namen. Das Gebäude verfügt über einen Fachwerkerker und ist reich mit Schnitzereien verziert.

Adresse: Puschkinstraße 41

Widmarckt/Rathaus (1613) ★ ★ ❑

Die **Widmarckt** beherbergte bei seinem Rückzug nach der Völkerschlacht im Oktober 1813 Napoleon und ist seit dem Kauf durch die Stadt im Jahre 1909 das Rathaus von Vacha. Der imposante Bau zeigt zwei Fachwerkgeschosse auf steinernem Unterbau und einen markanten Erker sowie einen verschieferten Uhrturm. Es wurde durch den Bad Hersfelder Baumeister Hans Weber in hessischer Bauart errichtet. Zurzeit wird das Gebäude mit EU-Geldern (EFRE-Fonds) restauriert. Die Gebäudefront zum Marktplatz ist deshalb eingerüstet. Nur die Fassade des hinteren Teils ist sichtbar und deshalb hier abgebildet.

Adresse: Markt 4

Knusperhäuschen (um 1600)

Das im 16. Jahrhundert erbaute, schmale dreistöckige Knusperhäuschen zeigt Fächerrosetten und Feuerbockfachwerkstrukturen im Brüstungs- und Giebelbereich. Im Haus sitzt heute der inhabergeführte Lebkuchen- und Schokoladenladen ‚**Knusperhäuschen**'.

Adresse: Markt 33

Rathaus von Berka (1667)

Im Dreißigjährigen Krieg diente das **Rathaus** General von Pappenheim als Quartier. Im Laufe des Krieges wurde die Stadt von kaiserlichen Truppen niedergebrannt. Das Rathaus von Berka (heute Ortsteil der Stadt Werra-Suhltal) wurde 1667 wieder aufgebaut.

Adresse: Markt 1

Storchenbäckerei (Mitte 17. Jahrhundert) ★

Über das Baujahr der **Storchenbäckerei** fehlen Angaben. Das Fachwerkhaus scheint jedoch nach der Zerstörung der Stadt im Dreißigjährigen Krieg im Spätrenaissancestil erbaut worden zu sein. Ab 1648 war hier der hessische Vogt untergebracht. Später war das Haus Sitz einer Apotheke. Deren originale Ausstattung aus dem 19. Jahrhundert findet sich heute im Thüringer Museum in Eisenach.

Adresse: Markt 4

Altes Rentamt (1528) ★ ☐

Das **Alte Rentamt** mit seinem Krüppelwalmdach und seinem utlucht-artigen Erker wurde auf den Fundamenten einer Wasserburg aus dem 12. Jahrhundert errichtet. Es diente einst als Sitz der Kurmainzer Amtsvögte. Nach 1803 fungierte das Gebäude als Amtsgericht. Nach-dem das alte Rathaus auf dem Marktplatz abbrannte, siedelte die Stadtverwaltung in das Gebäude um. Nach einer Sanierung im Jahre 1998 dient das Gebäude heute als Verwaltungssitz, seit 2004 für die fusionierte Stadt Leinefelde-Worbis. Der nördliche Wassergraben wurde 2009 wieder freigelegt.

Adresse: Amtsstraße

Alte Meisterei (1660) ★

Das Wasenmeisterhaus des Amtes Harburg-Worbis wurde 1660 an-
stelle eines 1606 erbauten Scharfrichterhauses errichtet. Das Fachwerkhaus lag vor den Toren der Stadt und entging so den verheeren-
den Stadtbränden der letzten Jahrhunderte. Eine reichgeschnitzte
Eingangstür befindet sich auf der Hofseite. In den letzten Jahren
wurde das Haus von seinen privaten Besitzern nach denkmalpflegeri-
schen Gesichtspunkten restauriert.

Adresse: Untertor 27

2.3 Thüringer Wald und der Süden

Im Thüringer Wald und in den Regionen südlich davon, vor allem im Werratal, finden sich zahlreiche Fachwerkorte. Ganz im Süden der Region ist das Fachwerk oft im ansprechenden hennebergisch-fränkischen Stil gehalten. Zu den führenden Fachwerkstädten der Region gehören Schmalkalden (Bild unten), wo 90% der spätmittelalterlichen Fachwerkhäuser erhalten geblieben sind, sowie Ruhla, Meiningen, und Suhl, bzw. sein Stadtteil Heinrichs.

Schmalkalden, Wohnhaus Kirchhof 8

Alte Post (1895) ★ 📄

Die Alte Post wurde 1895 historistisch im hennebergischen Stil eines Landsitzes des 17. Jahrhunderts erbaut. Zu DDR-Zeiten war die Alte Post ein Briefmarkenmotiv, heute ist sie Postkartenmotiv. Das Gebäude gibt es auch als Modelleisenbahnbausatz in HO. Das Haus befindet sich heute in Privatbesitz. Es wurde in den letzten Jahren saniert und Büros und Wohnungen darin eingerichtet.

Adresse: Wiserweg

Kurhaus (ehemaliges Gradierwerk, um 1900) ★

Der kurz nach 1900 im hennebergisch-fränkischen Fachwerkstil erbaute Mittelbau des einstigen Gradierwerkes der Salzstadt Bad Salzungen dient heute als Kurhaus. Im Jahre 1906 kam noch eine Trinkhalle und ein Musikpavillon dazu, ebenfalls im Fachwerkstil gehalten. Nach einer umfassenden Sanierung des Mittelbaus in den 1990er Jahren zählt die Anlage heute zu den schönsten Gradierwerken Deutschlands und beeindruckt ebenso in seiner Funktion als Kurhaus.

Adresse: An den Gradierhäusern 4

Alte Schule (1737)

1734-1737 wurde die **Alte Schule** errichtet. Als sie eröffnet wurde, verfügte sie über drei Lehrer. Heuet findet sich in der Alten Schule ein Gasthaus und eine Pension.

Adresse: Schulgasse 2

Happach'sches Haus (1605) ★ ❏

Das 1605 erbaute **Happach'sche Haus** gilt mit seinem reichen Zierfachwerk im hennebergisch-fränkischem Stil als eines der repräsen-
tativsten Fachwerkhäuser Südthüringens. Ein besonderes Merkmal ist
eine aufwendige steinerne Inschrifttafel im Renaissancestil. Früher
wurde das Haus unter anderem für die Landwirtschaft, als Schmiede
und Fleischerei genutzt. Im 19. und 20. Jahrhundert wurde es mehr-
fach restauriert. Heute findet es sich in Privatbesitz.

Adresse: Häfenmarkt 1

Forstamt (1886) ❐

Ein Schild am historistischen Gebäude informiert:

1885/86 als herzogliches Forstamt mit Forstmeisterverwaltung und nebenstehendes Wirtschaftsgebäude nach Entwürfen von Otto Hoppe und Eduard Fritze erbaut, schiefergedeckter Klinkerbau mit viergeschossigem Treppenturm, reiches Schmuckfachwerk, wohl beeinflusst vom Haus Nr. 1 (Happach'sches Haus)

Adresse: Burgstraße 212

Amtshaus (1475) ★ ★ ☐ 📄

Das an der Ruine der bedeutenden romanischen Klosterkirche von Paulinzella im Jahre 1475 erbaute Amtshaus gilt als eines der beeindruckendsten Fachwerkgebäude Deutschlands. 2014-18 wurde es saniert. Dabei wurde jedoch ein etwas grobschlächtig wirkender Treppenaufgang angebaut.

Adresse: Paulinzella

Ehemalige Obermühle (1865) ★

An diesem Standort bestand seit 1425 eine Mahlmühle, welche vom inneren Mühlgraben gespeist wurde. Das heutige Fachwerkgebäude wurde 1861-65 erbaut. Bis 1925 wurde in der **Obermühle** Strom erzeugt. In den 1990er Jahren wurde das Fachwerkhaus saniert. Neben dem historistischen Fachwerkhaus steht das **Steinerne Haus** (links auf dem Bild), ein Renaissancegebäude mit einem aus dem 13. Jahrhundert stammenden Erdgeschoss aus Natursteinmauerwerk.

Adresse: Anton-Ulrich-Straße 45

Büchnersches Hinterhaus (1596) ★ ★ ❑ 📄

Das **Büchnersches Hinterhaus** wurde 1596 im henneberg-fränkischen Stil für einen Bäckermeister erbaut. Dass Meiningen nicht als Fachwerkstadt gilt, liegt auch am großen Stadtbrand vom September 1874, dem viele Fachwerkhäuser der Altstadt zum Opfer fielen. Und eines der schönsten Fachwerkhäuser der Stadt liegt versteckt in einem Hinterhof. Es entging dem Brand nur knapp. Um 1900 war es jedoch so baufällig, dass ein Abriss erwogen wurde. Doch 1904 wurde es von Grund auf saniert. Zu DDR-Zeiten (1974) kam es zu einer Außensanierung mit Erneuerung des Anstrichs. Nach der Wende begannen 1992 weitere Arbeiten, die 2001 mit der Fassadensanierung abgeschlossen wurden. Auf einem massiven Erdgeschoss zeigen sich heute zwei Geschosse mit Renaissance-Zierfachwerk. Im ersten Obergeschoss findet sich ein altdeutsch eingerichtetes Zimmer mit Butzenscheiben. Den hohen Giebel ziert eine Wetterfahne

Adresse: Georgstraße 20

Merkelsches Haus (1597) ❐

Das 1597 erbaute **Merkelsche Haus** in Meiningen war ein prächtiges Fachwerkhaus, welches leider beim Großen Stadtbrand im Jahre 1874 zerstört wurde. Sein Fachwerkerker wurde jedoch 1906 an der Gaststätte Schlundhaus nachgebaut und gibt so einen Eindruck des Detailreichtums der Fassade des verloren gegangenen Hauses.

Adresse: Georgstraße

Alte Posthalterei (um 1600) ★ □ 📄

Die um 1600 erbaute **Alte Posthalterei** ist ein im hennebergisch-fränkischen Stil gehaltenes Fachwerkgebäude und zeigt viele Renaissance-Zierelemente sowie einen Erker an der Fassade. Zeitweise war die Poststation der Stadt im Gebäude untergebracht, heute beherbergt es das ‚Kunsthaus Meiningen‘.

Adresse: Ernestinerstraße 14

Marienstraße 2 (Mitte 17. Jahrhundert) ★ ❑

In der Mitte des 17. Jahrhunderts erbautes Haus mit Eichensichtfach-
werk und Taustäben. 1995/96 wurde es saniert. Ehemals fand sich
hier ein Buchladen und deshalb große (und nicht ganz zur historischen
Anmutung passenden (Schau) Fenster und Türen im Erdgeschoss.

Adresse: Marienstraße 2

Tabakpfeifenmuseum (1614) ★ ❑

1614 vermutlich als Herrenhaus einer dahinter liegenden Hammer-schmiede erbautes Fachwerkhaus. Ruhla war einst vom Messer-schmiedehandwerk geprägt und später war es wohl auch das Haus eines Messerwaren-Handelsmannes. Mehrere Jahrhunderte war auch die Herstellung von Tabakpfeifen in Ruhla wichtig, deshalb findet sich heute im Haus ein entsprechendes Museum (ab dem späten 19. Jahrhundert kam in Ruhla noch die Uhrenproduktion hinzu). 1906 wurde das Gebäude zum Heimatmuseum. 1993 wurde es umfassend saniert. Das Eichen-Sichtfachwerk zeigt u.a. Wilder-Mann-Figuren und die 'Thüringer Leiter'.

Adresse: Obere Lindenstraße 29-31

Köhlergasse 59 (um 1680)

Nach der Wende sollte das Haus in der ältesten Straße Ruhlas zeitweise abgerissen werden. Doch ein örtlicher Schmied erwarb und sanierte es. Heute ist seine Fassade urig gestaltet und ein Blickfang.

Teutsche Schule (1681) ★ 📄

Das im hennebergisch-fränkischen Stil 1681 erbaute Fachwerkhaus wurde 1868 (in die Nähe des heutigen Busbahnhofes) transloziert, um einem neuen Gebäude des hennebergischen Gymnasiums am Marktplatz Platz zu machen. Nachdem das Gebäude immer stärkere Spuren des Verfalls zeigte, wurde es 2018 um 1,4 m auf Straßenniveau angehoben und anschließend saniert. Dabei wurden allerdings auch sehr große moderne Dachgauben eingebaut, die die historische Anmutung etwas beeinträchtigt haben.

Adresse: Suhler Straße 11

Lutherhaus (1525) ★ □ 🖹

Das Vorderhaus des heutigen Lutherhauses wurde im Jahr 1525, erbaut, das Hinterhaus ist ein Ständerbau aus dem Jahre 1370. Laut einer Tafel am Haus übernachtete hier Martin Luther während der Tagung des Schmalkaldischen Bundes vom 7.-26. Februar 1537 und erkrankte in dieser Zeit an einem lebensgefährlichen Steinleiden.

Adresse: Lutherplatz 7

Weidebrunner Gasse 14 (um 1580) ★

Der Landgraf Wilhelm IV von Hessen, zu welchem Schmalkalden lange gehörte, ließ das heute als Hotel und Buchhandlung genutzte Fachwerkhaus um 1580 erbauen. Über romanischen Grundmauern und einem Erdgeschoss in Steinbauweise entstand im Renaissancestil ein hessisch-fränkischer Fachwerkbau mit zwei Obergeschossen und zwei Geschossen im Giebel.

Adresse: Weidebrunner Gasse 14

Zinnfigurenmuseum (17. Jahrhundert) ★

Ende 2012 wurde nach einer Sanierung in einem im 17. Jahrhundert errichteten Fachwerkhaus, welches einst als Wohnhaus diente, das Zinnfigurenmuseum eingerichtet. Renaissance-Zierelemente wie geschweifte Andreaskreuze und Taue sind zu sehen,

Adresse: Gillersgasse 1

Altes Kantorat (1608) ★

Das Baujahr des Alten Kantorats ist an der Fassade mit 1608 bezeichnet. Das Fachwerk zeigt Spätrenaissance-Zierformen wie Halbkreise, geschweifte Andreaskreuze und Taue. Heute dient das Doppelhaus Wohnzwecken.

Adresse: Kirchhof 9, 10

Fachwerkerlebnishaus (1369) ★

Das heute touristisch als ‚Fachwerkerlebnishaus' vermarktete Gebäude ist das älteste Fachwerkhaus Schmalkaldens. Es wurde 1369 in Ständerbauweise errichtet. Nach einer Sanierung, die sich über 18 Jahre erstreckte, steht es seit August 2013 der Öffentlichkeit für Besichtigungen zur Verfügung.

Adresse: Weidenbrunner Gasse 13

Ehemaliges Malzhaus/Waffenmuseum (1688) 📄

Nachdem das erste Malzhaus im Dreißigjährigen Krieg zerstört wurde, wurde 1688 direkt am Fluss Lauter ein neues errichtet. Die dreiflügelige Anlage mit Gwölbekeller und durchgehendem massiven Sockelgeschoss wird seit 1971 als städtisches Waffenmuseum genutzt.

Adresse: Friedrich-König-Straße 19

Rathaus (1657) ★ ★ ☐ 📄

Im Dreißigjährigen Krieg (1618-48), wurde der 1551 errichtete Renaissance-Vorgängerbau des ehemaligen Rathauses von Heinrichs zerstört, nur das Erdgeschoss blieb erhalten. Das Rathaus wurde neu errichtet, die Fachwerketagen mit ihren Schmuckelementen entstanden 1657. Das heute als Volkshochschule genutzte Gebäude war auf einer DDR-Briefmarkenserie zu Fachwerkhäusern zu sehen.

Adresse: Meininger Straße 91

Meininger Straße 112/114 (17. Jahrhundert) ★

Das Fachwerk dieses im 17. Jahrhundert erbauten Doppelhauses wurde
2000 bzw 2003 wieder freigelegt. Es
ist reich an Zierformen. Heute findet
sich hier eine Bäckerei.

Wohnhaus (1648) ★

Das um 1648 erbaute Wohnhaus in Suhl-Heinrichs zeigt eine original erhaltene Fassade mit reich profiliertem vorkragendem Obergeschoss. Die Bleiglas-Schiebefenster sind rekonstruiert worden.

Adresse: Meininger Straße 142

Meininger Straße 97 (1658) ★

Das Fachwerkhaus im hennebergisch-fränkischen Stil ist reich mit Zierfachwerkformen ausgeschmückt. Es zeigt ein großes Einfahrtstor.

Themar

Amtshaus (1665) ★ ★

Das Amtshaus wurde 1665 im Zuge der Stadterneuerung nach Ende des Dreißigjährigen Krieges im hennebergisch-fränkischen Stil errichtet, das Zwerchhaus später. Eventuell entstand es als der örtliche Zimmermann Christian Aßmus 1875 in der nördlichen Gebäudeseite eine Mansard-Wohnung einrichten ließ. Dabei wurde auch das Fachwerk freigelegt. 1995 wurde das Gebäude, das als eines der Hauptwerke der hennebergisch-fränkischen Fachwerkkunst gilt, saniert.

Adresse: Schuhmarkt

Rathaus (1558)

Nach den Brandschatzungen des Dreißigjährigen Krieges wurde das Rathaus 1682 erneuert. Die aus Furcht vor weiteren Stadtbränden verputzte Fassade wurde 1929 wieder freigelegt. 1995-99 wurde das Gebäude saniert.

Adresse: Marktplatz

Damenstift (1596) ★★

Das Damenstift in Wasungen wurde 1596 erbaut und 1995/96 saniert und restauriert. 2023/24 wurde es erneut saniert und die Farbe der Balken wechselte dabei zu gelb. Das Gebäude beherbergt heute das Stadtmuseum Wasungens.

Adresse: Untertor 1

Rathaus (1534) ★ □ 📄

Das Rathaus wurde 1532-1534 auf den Grundmauern eines Vorgängerbaus errichtet. Über einem massiven Erdgeschoss finden sich zwei Fachwerk-Obergeschosse. Ein Erker bestimmt das Erscheinungsbild der Traufseite. Im Innern findet sich ein historischer Ratssaal mit originaler Holzverkleidung. 2000/2001 fand eine Generalsanierung und Restaurierung statt. Das Gebäude wird noch heute als Rathaus genutzt. Das Erdgeschoss nutzt zudem die örtliche Sparkasse.

Adresse: Markt 7

4. Saaleachse und der Osten Thüringens

Der Osten und Südosten Thüringens ist bereits deutlich fachwerkärmer als die übrigen Gebiete des Bundeslandes. Das ist auch in Jena und in Gera zu spüren, den größten Städten der Region.

In der einst ummauerten Kernstadt Jenas steht am Markt (Adresse: **Markt 7**) das einzig sichtbare Fachwerkgebäude, ein spätgotisches Bürgerhaus (Bild unten) . Auf Vorgängerbauten aus dem 14. Jahrhundert wurde 1557 das 2. Obergeschoss und der Giebel als Fachwerk errichtet

Zum güldenen Zopf (1755)

Ursprünglich war der ‚Güldene Zopf' ein Vorspann, ein Gasthof mit Pferdestation. Das 1541 errichtete Gebäude brannte mit einem Teil der Vorstadt im Jahre 1742 ab. Nach dem Wiederaufbau hieß das Haus ab 1755 ‚Zum Mohren'. Um 1930 wurde das Haus umgebaut und bekam seine noch heute sichtbaren Schnitzereien. Ab 1936 wurde das Gasthaus wieder unter seinem ursprünglichen Namen Güldener Zopf geführt. 2016 wurde das Gasthaus nach einer Sanierung neu eröffnet.

Adresse: Rudolstädter Straße 2

Metznersches Haus (Anfang 16. Jahrhundert) ★ ❒

Das Anfang des 16. Jahrhunderts im Niedersächsischen Fachwerkstil, welcher in Thüringen selten anzutreffen ist, **errichtetes 'Metznersche Haus'** (Volksmund) zeigt ein von Fächerrosetten geprägtes Zierfachwerk. Nach einer Sanierung wurde hier 2006 das Stadtmuseum eröffnet.

Adresse: Margarethenstraße 7

Ackerbürgerhaus (um 1700) ☐

Das um 1700 erbautes Ackerbürgerhaus in der Innenstadt von Kahla zeigt Sichtfachwerk im fränkischen Stil mit Mann-Figuren bzw. Halber Mann-Figuren an den Ecken des Gebäudes und Andreaskreuzen unter den Fenstern.

Adresse: Burg 3

Eckhaus Hotel zum Stadttor (16. Jh.)

Das Eckhaus zählt zu den ältesten Gebäuden der Stadt. Es zeigt sorg-
fältig restauriertes Fachwerk über dem massiven Erdgeschoss und ist
heute Teil eines Hotels.

Adresse: August Bebel-Straße 15

Herzogstuhl (1917) ★★

Herzog Ernst II. von Sachsen-Altenburg ließ 1915-1917 das Jagd-schlösschen Herzogstuhl nach dem Vorbild des Topplerschlösschens in Rothenburg ob der Tauber errichten. Teilweise diente es ihm und seinen Gespielinnen als Liebesnest. 1997-2000 wurde es saniert. 2024 wurde der Fachwerkaufbau ein weiteres Mal saniert.

Adresse: Jagdanlage Rieseneck, Kleineutersdorf

Bad Köstritz

Dreiseithof (um 1680)

Der ehemalige Dreiseithof gehört heute zum Köstritzer Brauereige-
lände und den dortigen vorindustriellen Brauereigebäuden.

Adresse: Heinrich-Schütz-Straße 17/18

Malerhaus (1717) ★ ❑

Das 1717 erbaute **'Malerhaus'** ist das älteste Wohngebäude der Stadt Leutenberg. Da es in der Vorstadt außerhalb der Stadtmauer stand, überstand es den großen Stadtbrand von 1800. 1990 wurde aufgrund großer Schäden im Balkenwerk grundlegend saniert und teilweise rekonstruiert.

Adresse: Hauptstraße 51

Ehem. Hirtenhaus, heute Heimatmuseum (1788)

Das Fachwerkhaus wurde einst von der Stadt als Hirtenhaus erbaut, um einem ganzjährig angestellten Hirten zu Wohnraum zu verhelfen. 1851 wurde das Haus verkauft und fand sich seither in Privatbesitz. 1999 wurde es wieder von der Stadt übernommen, renoviert und dem Luckauer Heimatverein als Museum zur Nutzung überlassen.

Adresse: Altenburgerstr. 50

Museum 642 (16. Jahrhundert)

Das Fachwerkhaus ist Teil eines aus drei Gebäuden bestehenden Museumskomplexes auf dem Gelände eines ehemaligen Karmeliterklosters, welches bis zur Reformation bestand.

Adresse: Klosterplatz 2-4-6

Pagenhäuser (Anfang 17. Jh) ★

Eines der beiden Pagenhäuser am Schlossberg von Rudolstadt zeigt Fachwerk. Es wurde Anfang des 17. Jahrhunderts erbaut und enthielt bis ins 19. Jahrhundert Wohnungen für Bedienstete des Rudolstädter Hofes. Heute kann es für Veranstaltungen gemietet werden.

Adresse: Am Schlossberg

Dietz'sches Gehöft (um 1780) ★

Das um 1780-1790 im fränkischen Fachwerkstil erbaute **Dietz'sche Gehöft** im Dorf Weckersdorf war einst Motiv der Briefmarkenserie 'Fachwerkbauten in der DDR' und deshalb überregional bekannt. Mittlerweile sind die letzten Bewohner jedoch längst ausgezogen und das Gehöft ist heute von zunehmendem Verfall gekennzeichnet.

Adresse: Oberer Weg 17

Kirchstraße 12 (16./17. Jahrhundert)

Das im saalefränkischen Bauernstil errichtete Gebäude zeigt einen Fachwerkgiebel über einer Bohlenstube, welche auf zwei massiven Stockwerken sitzt.

Schlusswort

Ich hoffe, die kleine Sammlung von besonderen Fachwerkhäusern in Thüringen ist für die LeserInnen unterhaltsam und anregend. Über Hinweise zu weiteren interessanten Gebäuden würde ich mich freuen. Kommentare zur bestehenden Sammlung sind ebenfalls willkommen. Am besten an:
Richard.deiss@gmail.com

In Landau/Isar gesehen.

Zum Autor

Richard Deiss stammt aus Isny im Allgäu, studierte in den 1980er Jahren in München Geografie und arbeitete ab den 1990er Jahren als Verkehrsplaner und im Bereich der Statistik. Heute lebt er in Kerkrade und Isny. Bei BoD hat er seit 2006 bereits mehr als 80 Titel publiziert, zuletzt 11 Bücher zu Fachwerkhäusern. Zurzeit arbeitet er an einer Buchreihe zu Gedenk- und Informationstafeln. Seine Bücher decken Themengebiete ab, zu denen es bisher wenige Veröffentlichungen gibt.

Quellennachweis:

Bilder: Richard Deiss

Texte: Informationen zu den Texten:

Manfred Gertner
Deutsche Fachwerkstraße
Hrsg: Arbeitsgemeinschaft Deutsche Fachwerkstädte e.V.
Bad Neustadt an der Saale

Zusätzliche Online-Quellen:

Wikipedia wurde als Quelle für alle Gebäude benutzt, die durch ein 🗎 gekennzeichnet sind. Für 34 und damit etwa ein Drittel der vorgestellten Häuserhaben gibt es einen eigenen Wikipedia-Artikel. Zudem wurden Informationen in den Wikipedia-Seiten Liste der Baudenkmäler (pro Stadt) genutzt.

Allgemeine Quellen

Fachwerkfreunde
www.fachwerkfreunde.de

Deutsche Stiftung Denkmalschutz
www.denkmalschutz.de

Spezifische Quellen:

Bad Liebenstein, Alte Post
https://www.bad-liebenstein.de/sehenswuerdigkeiten/historische-post

Eisenach, Lutherhaus
https://www.lutherhaus-eisenach.com/

Eisenach, Schmales Haus
https://www.eisenach.info/eisenach-erleben/sehenswuerdigkeiten/schmales-haus

Erfurt, Haus zum Sonnenborn
https://www.erfurt-lese.de/sehenswuerdigkeiten/gebaeude/haus-zum-sonneborn/

Erfurt, Krämerbrücke
https://ich-liebe-erfurt.de/kraemerbruecke-erfurt/

Kahla, Metznersches Haus
https://www.tourismus.kahla.de/w/stadtmuseum-metznersches-haus-1

Meiningen, Büchnersches Haus
https://meiningen.de/so-ist-meiningen/sehenswertes-tipps/buechnersches-haus

Mühlhausen, Fachwerkhäuser
https://www.muehlhausen.de/tourismus/sehenswuerdigkeiten/buerger-und-fachwerkhaeuser/

Ruhl, Tabakpfeifenmuseum
https://www.thueringer-wald.com/w/orts-und-tabakpfeifenmuseum-ruhla

Schmalkalden, Erlebnisfachwerkhaus
https://www.schmalkalden.com/sehenswertes/sehenswuerdigkeiten/fachwerkerlebnis-haus-1

Suhl-Heinrichs, Fachwerkhäuser
https://www.suhl-heinrichs.de/erleben.htm

Treffurt, Rathaus
https://www.lehrmann-partner.de/project/rathaus-treffurt/

Ummerstadt, Altes Rathaus
http://www.ummerstadt.de/Geschichliches/Rathaus/rathaus.htm

Vacha, Widmarckt
https://www.vacha.de/rathaus.html

Weckersdorf, Dietzsches Gehöft
https://www.zeulenroda-triebes.de/seite/565325/ot-weckersdorf.html

Worbis, Alte Meisterei
https://www.leinefelde-worbis.de/tourismusfreizeit/ueber-uns/themenrundga-enge/deutsche-fachwerkstrasse-worbis/scharfrichterhaus/

Weitere Architekturbücher des Autors bei books on demand, www.bod.de

Deutschlands schönste Fachwerkhäuser
Meine Liste der 100 schönsten Fachwerkgebäude in Deutschland
Norderstedt 2023

Die schönsten Fachwerkhäuser in Norddeutschland
Meine Liste der 77 schönsten Fachwerkhäuser in den 5 nördlichen
Bundesländern, Norderstedt 2024

Die schönsten Fachwerkhäuser in Nordrhein-Westfalen
Meine Liste der 77 schönsten Fachwerkhäuser in NRW
Norderstedt 2024

Die schönsten Fachwerkhäuser in Hessen
Meine Liste der 77 schönsten Fachwerkhäuser in Hessen,
Norderstedt 2024

Die schönsten Fachwerkhäuser im Westen Deutschlands
Meine Liste der 55 schönsten Fachwerkhäuser in Rheinland-Pfalz und
im Saarland, Norderstedt 2024

Die schönsten Fachwerkhäuser Süddeutschlands
Meine Liste der 77 sehenswertesten Fachwerkgebäude in
Süddeutschland mit Schwerpunkt Baden-Württemberg,
Norderstedt 2024

Die schönsten Fachwerkhäuser Bayerns
Meine Liste der 55 sehenswertesten Fachwerkgebäude in Franken
und in Bayerisch Schwaben, Norderstedt 2024

Die schönsten Fachwerkhäuser Sachsens
Meine Liste der 55 sehenswertesten Fachwerkgebäude in Sachsen,
Norderstedt 2024